Thomas Werres

Semantic Web - Architektur und Status Quo

Thomas Werres

Semantic Web - Architektur und Status Quo

GRIN Verlag

Bibliografische Information der Deutschen Nationalbibliothek: Die Deutsche Bibliothek
verzeichnet diese Publikation in der Deutschen Nationalbibliografie; detaillierte bibliografische Daten sind im Internet über http://dnb.d-nb.de/ abrufbar.

1. Auflage 2009
Copyright © 2009 GRIN Verlag
http://www.grin.com/
Druck und Bindung: Books on Demand GmbH, Norderstedt Germany
ISBN 978-3-640-25231-2

Fachhochschule Bonn-Rhein-Sieg

Fachbereich Wirtschaftswissenschaften Sankt Augustin

Hausarbeit

Semantic Web – Architektur und Status Quo

vorgelegt am: 15.12.2008
vom cand. Thomas Werres

Inhaltsverzeichnis

1 Einführung...**4**

2 Grundlagen des Semantic Webs...**6**

  2.1 Semantische Lücke..6

  2.2 Definition Semantic Web..7

  2.3 Architektur des Semantic Webs..9

    2.3.1 URI/IRI..9

    2.3.2 XML (eXtensible Markup Language)...............................10

    2.3.3 RDF (Resource Desription Framework)............................12

    2.3.4 Ontologien...16

    2.3.5 SPARQL..20

    2.3.6 Proof, Trust 20

  2.4 Semantic Web Services..23

3 Good Practices – Semantic Web im Einsatz............................**29**

  3.1 Yahoo! SearchMonkey...29

  3.2 DBpedia – Semantisches Wikipedia.......................................30

4 Fazit...**32**

Abbildungsverzeichnis

Abbildung 1: Schichtenmodell des Semantic Web...9

Abbildung 2: RDF-Triple „Mutter pflegt Kind".. 13

Abbildung 3: Open Data Cloud - Quellen vernetzter Daten............................ 15

Abbildung 4: Semantische Treppe..16

Abbildung 5: Web Service Standards..25

Abbildung 6: Yahoo SearchMonkey Ergebnisanzeige....................................... 29

Abbildung 7: DBpedia Mobile mit Kartenansicht...31

1 Einführung

Das Internet steht vor einer neuen Entwicklungsphase, die es Computern in naher Zukunft ermöglicht, Informationen im Web eine formale Bedeutung zuzuschreiben. Die Bedeutung von Daten kann unter Verwendung derzeitiger Informationstechnologien zum größten Teil nur von Menschen interpretiert werden. Zum Beispiel kann die Farbe Rot bei einem Menschen nur deshalb eine Signalwirkung auslösen, weil der Mensch Assoziationen bilden kann, die auf seinen persönlichen Erfahrungen und Weltbildern basieren. Für den Computer bleibt die Farbe Rot lediglich eine Dezimal- oder Hexadezimalzahl.[1] Diese unterschiedliche Interpretationsvielfalt von Informationen bestimmt die Störanfälligkeit des Kommunikationsprozesses zwischen Mensch und Computer. Das World Wide Web (WWW) konnte sich trotz, oder vielleicht gerade wegen der unterschiedlichen Art und Weise wie Mensch und Computer Informationen miteinander austauschen, zu einem Massenmedium entwickeln. Die Informations- und Kommunikationstechnik konnte die Beherrschung der komplexen Mensch-Computer-Kommunikation in den letzten Jahren durch intelligentere, computergestützte Informationssysteme und verbesserter Schnittstellen erheblich steigern. Weitere Gründe führten zu einer neuen Gesellschaftsstruktur, die auf Netzwerken beruht: Die Bedürfnisse der Wirtschaft nach flexiblem Management und Globalisierung von Kapital, Produktion und Handel; Die Forderung der Gesellschaft nach individueller Freiheit und offener Kommunikation; und die außerordentlichen Fortschritte in der Mikroprozessortechnik. Ende des zweiten Jahrtausends hatte sich das Internet explosionsartig entwickelt und strukturiert mittlerweile wirtschaftliche, gesellschaftliche und politische Kernaktivitäten.[2] Komplexere und anspruchsvollere Aufgaben der Benutzer stehen immer mehr Möglichkeiten gegenüber, das Zusammenleben und Wirtschaften zu vereinfachen beziehungsweise effektiver zu gestalten. Neue Geschäftsmodelle haben die

---

1 Vgl. McKelvey, R.: Hypergraphics, Design und Architektur von Websites, Hamburg 2000, S.48
2 Vgl. Castells, M.: The Internet Galaxy, Reflections in Internet, Business and Society, Oxford University Press 2001, S.11

technologischen Fortschritte aufgegriffen und nutzen das Internet als eine Basis-Technologie des elektronischen Handels. Der gegenwärtige Wandel von der Dienstleistungsgesellschaft zur Informationsgesellschaft drückt sich in zunehmender Vernetzung von Menschen, Institutionen, Web-Anwendungen und Inhalten aus, und wird in Zukunft durch semantische Technologien zu einer Wissensgesellschaft fortschreiten.

Diese Vernetzung gepaart mit der Offenheit des Internets als Informationsraum, führt zu einer Revolution im Management, weil Fortschritte in der Informationstechnologie die sehr genaue Messung von Marktveränderungen ermöglichen können.[3] Das Wachstum des Internets im letzten Jahrzehnt, und die daraus entstandenen Möglichkeiten für den Zugang zu Informationen, sowie die erfolgreich geführten Geschäftsmodelle im E-Commerce, begründen sich in der Einfachheit des Internets. Allerdings ist es auch die Einfachheit, welche einen weiteren Wachstumsschub erheblich erschwert.[4] An dieser Stelle erreichen wir die Schwelle zum Semantic Web.

Das Semantic Web (WWW-Diktion „Web 3.0") zielt auf eine erheblich erweiterte digitale Kodierung kommunizierter Inhalte ab, welche das Wirtschaften von Unternehmen, ausgehend vom derzeitigen Internet, weiter effektiviert. Digitale Informationen werden mit formaler Bedeutung ergänzt, die es Computern ermöglicht, sinnvolle Zusammenhänge zwischen Daten zu erkennen und dadurch den Nutzer bei der Navigation durch große Datenbestände und dem Auffinden von relevanten Informationen unterstützt. Intelligentere und nutzerorientierte Web-Anwendungen werten dadurch den Kommunikationsprozess in sozialen Netzwerken, Anbietern, Nachfragern, Geschäftspartnern und Applikationen enorm auf.

---

3 Vgl. Müller-Stewens, G., Fleisch, E.: Die Macht über Informationen. In: Harvard Business Manager, o. Jg (2008), S.39
4 Vgl. Fensel, D. Et al: Spinning The Semantic Web. Bringing the World Wide Web to its Full Potential, London 2003, S.3

Diese Arbeit gliedert sich in die Hauptbereiche Grundlagen, Praxisbeispiele und Fazit. Aufgrund der sehr aktiven Bewegung in der aktuellen Forschung um das Semantic Web, welche sich in einer Reichhaltigkeit von wissenschaftlichen Publikationen ausdrückt, wird der vorliegende Inhalt keineswegs Anspruch auf Vollständigkeit erheben können. Vielmehr wird ein komprimierter Einblick in das weit gespannte Forschungsfeld des Semantic Webs gewährt, um Perspektiven für die Zukunft des Internets zu eröffnen.

2 Grundlagen des Semantic Webs

Dieses Kapitel ist eine Einführung in die theoretischen Grundlagen des Semantic Webs und bereitet das Verständnis zur Funktionsweise der Praxisbeispiele vor. Vorausgesetzt wird die Kenntnis über grundlegende Begriffe aus der Informatik. Welche Motive stehen hinter dem Semantic Web? Wie funktioniert das Semantic Web aus technologischer Sicht und wie sehen Szenarien im Einsatz aus? Um diese Fragen zu beantworten wird ein Blick in die Theorie der Informatik geworfen und es werden etablierte Ergebnisse von Forschungsgruppen vorgestellt.

2.1 Semantische Lücke

Die geistigen Fähigkeiten des Menschen und die komplexen Zusammenhänge der Welt in der er lebt, lassen sich nicht von automatisierten Computermodellen vollständig abbilden. Die Informatik definiert zu dieser Problematik den Begriff „Semantische Lücke", welche bei der Beschreibung eines Sachverhalts durch die Verwendung unterschiedlicher Repräsentationsformen (Sprache) entsteht. Für die Entwicklung informationstechnischer Systeme ist es also das Ziel, die umgangssprachliche Formulierung aus der realen Welt, in eine formalisierte, automatisiert reproduzierbare und verarbeitbare Repräsentation von Informationen zu überbrücken. Eine sehr hohe Abstraktion der realen Welt ist oftmals Voraussetzung, damit ein realer Sachverhalt in eine eindeutige

maschinenverständliche Sprache übersetzt werden kann. Diese Abstraktion der realen Welt hat die Hermeneutik (Lehre des Verstehens) zu einem Korrektiv verleiten lassen und betont, dass mittels der Sprache als „poröse" Grundlage zwar auch das Semantic Web gewebt werden kann[5], allerdings aufgrund der Endlichkeit und Offenheit menschlichen Existierens all jene begrifflichen Anstrengungen der Informationstechnik nicht zu dem Irrglauben führen sollten, es gäbe „da draußen" eine Welt von Bedeutungen „an sich", die im digitalen Netz eindeutig abgebildet oder repräsentiert werden können."[6] Gleichwohl gilt das Semantic Web derzeit in Fachkreisen als technologische Revolution mit dem Potenzial, dass die „Semantische Lücke" durch eine maschinenverständliche Bedeutungsebene leichter überbrückt werden kann. Methoden der künstlichen Intelligenz könnten zwar auch herangezogen werden, um kognitive Aufgaben bis zu einem gewissen Grade von Computern übernehmen zu lassen, allerdings lassen die erreichten Resultate in diesem Forschungsfeld eine webweite, zuverlässige Anwendung sehr fragwürdig erscheinen.[7] Eine alternative Herangehensweise wäre das Semantic Web. Im Unterschied zur künstlichen Intelligenz werden Informationen im Semantic Web von vornherein maschinenverständlich zur Verfügung gestellt, um anschließend von Maschinen eindeutig interpretiert werden zu können.

2.2 Definition Semantic Web

In diesem Kapitel werden zwei Definitionen vorgestellt, die das Semantic Web aus jeweils zwei verschiedenen Perspektiven betrachtet. Tim Berners-Lee unterstreicht den Aspekt der „Erweiterung des vorhandenen Internet" und Andreas Blumauer die „Reduzierung der Transaktionskosten". Die Idee des Semantic Webs stammt von Tim Berners-Lee, dem Erfinder des „World Wide Web" (WWW) und Leiter des World Wide Web Consortium (W3C)[8]. Sein viel

---

5 Vgl. Putman H.: Represäntation und Realität. Frankfurt am Main, 1991
6 Capurro, R.: Hermeneutik Revisited, in: Pellegrini, T; Blumauer, A.: Semantic Web. Wege zur Wissensgesellschaft. Berlin 2006, S. 531
7 Vgl. Hitzler, P. Et al.: Semantic Web – Grundlagen. Berlin 2008, S. 9
8 Homepage des W3C: http://w3c.org. Aufgerufen am 14.11.2008

zitierter Satz aus der Zeitschrift „Scientific American" (Mai 2001) hat bis heute kein Stück an aktueller Brisanz verloren:

„The Semantic Web is not a separate Web but an extension of the current one, in which information is given well-defined meaning, better enabling computers and people to work in cooperation."[9]

Berners-Lee bekräftigt in dieser Aussage den Zusammenhang zwischen derzeitigem Web und Semantic Web durch den Begriff der „Erweiterung". Die Erweiterung basiert auf den etablierten Standards des bestehenden Internets, welche nicht durch neue Standards ersetzt werden, sondern auf ihnen aufbauen. Andreas Blumauer beschreibt das Semantic Web aus einer ökonomischen Perspektive indem er den Einfluss auf die Transaktionskosten beschreibt:

„Das Semantic Web ist ein globales Projekt, um Transaktionskosten durch den Einsatz von syntaktischen und semantischen Übereinkünften zu reduzieren, die aufgrund der unverbindlichen Form der inhaltlichen Organisation im bestehenden HTML- dominierten WWW im Zuge jeglicher Bedeutungsübertragung entstehen"

Transaktionskosten, als Kosten der wirtschaftlichen Interaktion von Unternehmen (Informationsgewinnung, Anbahnungskosten, Vereinbarungs-kosten),[10] können nach Blumauer durch eine zielgerechtere Informationsverteilung und Bedeutungsübertragung reduziert werden. Er bestimmt jene Transaktionskosten als reduzierbar, welche durch die Kommunikation über das derzeitige Web (HTML-dominiert) entstehen.

---

9 Berners-Lee, T., Hendler, J., Lassila, O.: The Semantic Web. A new form of Web content that is meaningful to computers will unleash a revolution of new possibilities. In: Scientific American, 2001. Online verfügbar: www.sciam.com/article.cfm?id=the-semantic-web
10 Die Bedeutung der Kosten wirtschaftlicher Interaktion von Unternehmen wurde von Ronald Coase durch seinen Artikel „The nature of the firm" (1937) initiiert und durch Oliver E. Williamson weiter vertieft, indem er Einflussgrößen auf die Höhe der Transaktionskosten bestimmt hat (1971).

Fehlende Übereinkünfte in der Form, wie Informationen repräsentiert werden, führen zur Ausfilterung bedeutungstragender Informationen durch jedes Individuum und schließlich zu Transaktionskosten in der Informations-gewinnung. Das Semantic Web stellt technologische Lösungen bereit, um syntaktische und semantische Übereinkünfte in der Repräsentation von Informationen zu generieren und computergestützt zu verarbeiten. In Folge dieser technologisch unterstützten Übereinkünfte werden Information-sasymmetrien und Transaktionskosten sinken.

2.3 Architektur des Semantic Webs

Die syntaktischen und semantischen Übereinkünfte können nur durch offene Standards erreicht werden, die vom World Wide Web Consortium (W3C) vorgeschlagen werden. Solche Übereinkünfte in der Beschreibung von Informationen bestimmen die Interoperabilität, eine Fähigkeit, Informationen zwischen Web-Anwendungen auszutauschen. Das W3C entwickelt einheitliche Technologien, die den Fortschritt des Webs im ganzen, sowie des Semantic Webs im speziellen, durch eine Architektur sicherstellt:

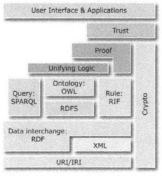

Abbildung 1: Schichtenmodell des Semantic Web. Quelle: W3C[11]

---

11 Schichtenmodell des Semantic Web, Erstellt vom W3C
   (2004):http://www.w3.org/2007/03/layerCake.png. Aufgerufen am 25.11.2008

2.3.1 URI/IRI

URIs (Uniform Resource Identifiers) identifizieren abstrakte und physikalische Ressourcen im Web und dienen einer eindeutigen Adressierung. Somit können durch eine Zeichenfolge Webseiten, digitale Daten, Web-Anwendungen oder auch E-mail Empfänger adressiert werden.[12] Zum Beispiel ist eine Webadresse wie „http://www.google.de" ebenso eine URI wie die Emailadresse „mailto:John.Doe@example.com". Webadressen werden auch URLs bezeichnet und zusammen mit URNs (Uniform Resource Names) URIs zugeordnet. URNs finden Verwendung für die Identifizierung einer Ressource durch einen vorhandenen oder frei verfügbaren Namen. Die strikte Trennung zwischen URNs und URLs wurde mittlerweile allerdings aufgehoben, da es einige URIs gibt, die weder URLs noch URNs zugeordnet werden können. IRIs (Internationalized Resource Identifiers) erlauben es, internationale Zeichensätze in URIs zu verwenden. URIs/IRIs werden in RDF[13] Graphen eingesetzt, um Ressourcen zu verbinden und stellen damit eine wichtige Komponente im Semantic Web dar. RDF wird im Kapitel „RDF" eingehend erläutert.

2.3.2 XML (eXtensible Markup Language)

XML ist gleichermaßen wie der URI/IRI Standard im engeren Sinne nicht speziell dem Semantic Web zuzuordnen sondern eher dem klassischen Web. Dieser Zusammenhang hebt die Vision von einem „erweiterten und nicht eigenständigen Web" auf eine operable Ebene, indem etablierte Standards wie XML oder URI/IRI als Basis-Technologien erhalten bleiben und durch zusätzliche Komponenten erweitert werden. XML ist eine Markup-Sprache und dient dazu, Textteile in einem Dokument auszuzeichnen, beziehungsweise zu annotieren. Mittels einer Auszeichnungssprache können Dokumente durch beschreibende Informationen ergänzt und spezifiziert werden. Software-

---

12 Vgl. W3C Spezifikation für URI/IRI: http://www.w3.org/Addressing/. Aufgerufen am 25.11.2008
13 Vgl. Becket, D.: RDF/XML Syntax Specification (Revised), W3C, 2004, http://www.w3.org/TR/rdf-syntax-grammar/. Aufgerufen am 25.11.2008

Programme (z.B. Web-Browser) erhalten durch die Auszeichnungen Anweisungen, wie Dokumente dargestellt werden sollen.

Beispiel einer Auszeichnung von Text in XML:

<Kapitel>Kapitel 2</Kapitel> beschreibt Grundlagen des <Thema>Semantic Webs </Thema>

XML bietet im Gegensatz zu HTML die Möglichkeit zur Definition von benutzereigenen Formatierungsanweisungen, welche in HTML auf eine bestimmte Menge von Auszeichnungsformaten (Tags) begrenzt sind.[14] Auszeichnungen z.b. Textformatierungen werden bei der Verwendung von XML-Dokumenten in einer XSL-Datei ausgelagert. XML-Dokumente können eine flexible Struktur beinhalten und grenzen sich damit von der festen Struktur in HTML ab. Die Struktur wird mit einer ausgelagerten DTD (Document Type Declaration) beschrieben und kann zu einer Vereinbarung eines individuellen Standard für den Austausch von Daten zwischen Sender und Empfänger beitragen. Die DTD wird im Laufe seiner Weiterentwicklung vom XML-Schema verdrängt, aufgrund reichhaltigerer Möglichkeiten in den Vorgaben.[15] Diese Eigenschaften machen XML zu einem universellen Austauschformat, welches Daten aus unterschiedlichen Darstellungsweisen neutralisiert und computergestützt verarbeitet. Innerhalb von Unternehmen und deren Datenaustausch zwischen Kunden und Lieferanten ist XML nicht mehr wegzudenken, weil es heterogene Systemlandschaften miteinander harmonisiert und somit einen strategischen Faktor für die Wettbewerbsfähigkeit darstellt. In Bezug auf das Semantic Web reicht XML alleine nicht aus, um Dokumente in der Art und Weise auszuzeichnen, damit Computer Zusammenhänge und explizites Wissen herleiten können. Nur die Hierarchie der Inhalte in einem XML-Dokument, dargestellt in einer Baumstruktur, kann als Indikator für einen formalen Bedeutungszusammenhang dienen. Ein Tag mit dem Namen „Mutter" und ein anderes Tag mit dem Namen „Kind" wird

---

14 Vgl. W3C Spezifikation für XML: http://www.w3.org/TR/2006/REC-xml-20060816/.
   Aufgerufen am 27.11.2008
15 Vgl. Rothfuss, G., Ried, Ch., Content Management mit XML – Grundlagen und
   Anwendungen, 2. Auflage, Berlin-Heidelberg 2003, S.231f

hingegen für den Computer in reinem XML zu keiner Schlussfolgerung wie z.B. einer Verwandtschaft führen. Eine Herangehensweise wäre, alle Bedeutungen von Tags zu definieren, um sie bei Bedarf nachschlagen zu können. Abgesehen von der Flut an Datenbeständen, die jeden Kontext von Tag-Kombinationen definieren müssten, könnten diese Nachschlagewerke (Glossare) nur von Informatikern und Entwicklern verwendet werden.[16] Praktischer ist es die Bedeutung von Inhalten von vornherein maschinenlesbar auszuzeichnen, ohne die genannten Vorteile des XML-Formats zu verlieren. Das W3C spezifiziert RDF als Sprache für die formale Beschreibung von Bedeutungen, um Inhalte im Web, strukturiert (semantisch annotiert) darzustellen.

2.3.3 RDF (Resource Desription Framework)

RDF ist seit 2004 vom W3C veröffentlicht[17] und stellt einen Standard für die Beschreibung beliebiger Dinge (Ressourcen) dar. Im Gegensatz zu XML und HTML geht es bei der Sprache RDF nicht um die korrekte Darstellung von Dokumenten, sondern um die Weiterverarbeitung von Inhalten der Dokumente ohne das die ursprüngliche Bedeutung verloren geht. RDF-Dokumente basieren zwar auf XML, stellen sich allerdings in gerichteten Graphen dar, und nicht wie bei XML in Form von Baumstrukturen. Graphen sind durch Kanten (Pfeile) und Knoten verbunden. Kanten geben hierbei Auskunft über die Art der Beziehung zwischen zwei Knoten. Diese Art der Verbindungen erlaubt eine sehr viel genauere Beschreibung von Beziehungen zwischen Ressourcen, als es mit XML in hierarchischen Baumstrukturen möglich ist. Zudem können sich Graphen aus verschiedenen Webseiten sehr einfach vereinen, was bei Verwendung von Baumstrukturen in XML wesentlich komplizierter wäre.[18] Graphen die erst wenige Beziehungen zwischen Knoten (Objekten, Personen, Produkten, Umwelt, Dokumenten, Interessen, etc) beschreiben, können durch Vereinigung mit Graphen von anderen Webseiten zu immer komplexeren

---

16 Hitzler, P. Et al.: Semantic Web – Grundlagen. Berlin-Heidelberg 2008, S.28.
17 Die Erste Version von RDF wurde schon 1999 vom W3C veröffentlicht, wurde allerdings im Zuge von erweiterten semantischen Darstellungen im Jahre 2004 aktualisiert.
18 Hitzler, P. Et al.: Semantic Web – Grundlagen. Berlin-Heidelberg 2008, S.38.

Graphen evolvieren und damit auch ein wachsendes Spezialwissen bereitstellen. Das Semantic Web bildet somit die Grundlage für eine Transformation der Informationstechnologie in eine Wissenstechnologie.[19] Die Vereinigung von Graphen unterschiedlicher Webseiten im gesamten Web ist im weiteren Sinn auch die Vision von Tim Bernes-Lee, der zu dieser Thematik den Begriff „Linked Data" geprägt hat. Die Grundannahme ist, dass der Wert und die Nützlichkeit von strukturierten Daten (RDF-ausgezeichnete Inhalte) steigt, je stärker sie mit Daten aus anderen Datenquellen verknüpft sind.[20] Wie können solche Graphen erstellt werden, um dem Ziel der Linked Data Vision näher zu kommen? RDF setzt zur Beschreibung von Daten „Triple" ein, die aus einem Subjekt, Prädikat und Objekt bestehen.[21] Durch die Verwendung gewohnter Satzbauteile aus der menschlichen Sprache können reale Sachverhalte einfacher in eine formale Sprache abstrahiert werden, weil die Bedeutung der Informationen zum großen Teil nicht verloren geht. Das Beispiel der Mutter-Kind Beziehung kann an dieser Stelle durch RDF-Triple formuliert werden und setzt damit die Mutter-Kind Beziehung in einen computerlesbaren Bedeutungszusammenhang. Durch diese Beziehung ergibt sich ein gerichteter Graph aus Ressourcen und ihren Eigenschaften:

Subjekt　　　　　　**Prädikat**　　　　　　**Objekt**

Abbildung 2: RDF-Triple „Mutter pflegt Kind". Quelle: Eigene Darstellung)

---

19 Vgl. Studer, R., Schnurr, H., Nierlich, A.: Semantik für die nächste Generation Wissensmanagement. Karlsruhe 2005, S.1, http://www.community-of-knowledge.de/pdf/f05.pdf. Aufgerufen am 30.11.2008
20 Vgl. Auer, S. Et al.: Semantische Mashups auf Basis Vernetzter Daten. In: Pellegrini, T., Blumauer, A.: Semantic Web. Wege zur Wissensgesellschaft. Berlin-Heidelberg 2006, S.261
21 Vgl. W3C Spezifikation von RDF: http://www.w3.org/TR/rdf-syntax-grammar/. Aufgerufen am 28.11.2008

Das Subjekt stellt hier die Ressource dar, welche durch das Objekt und einer Eigenschaft (Prädikat) näher beschrieben wird. Ressourcen jeglicher Art (auch Prädikat und Objekt) können beschrieben werden, indem sie durch einen URI eindeutig identifiziert werden. Die eindeutige Identifizierung von der Ressource „Mutter" kann in diesem Beispiel durch eine Verlinkung zu einem offen zugänglichen Vokabular vorgenommen werden. Vokabulare definieren Beschreibungen von Ressourcen mittels URIs. In dieser Form der Annotation wird eine webweite, eindeutige und formale Beschreibung von Knoten und Beziehungen im RDF-Graph erreicht, und führt somit auch zu einheitlichen Interpretationen der Beschreibungen. Zum Beispiel können Personen und ihre Beziehungen zueinander über das etablierte Vokabular FOAF[22] beschrieben werden. In einer FOAF-Datei werden die Benutzerstammdaten abgelegt und eventuell öffentlich zugänglich gemacht (unter Beachtung von Datenschutzbestimmungen). In Folge dessen können semantische Web Anwendungen diese Informationen weiterverwenden. Ebenfalls können durch vernetzte FOAF-Dateien Benutzerstammdaten sozialer Netzwerke anwendungsübergreifend genutzt werden[23] und lassen somit Lösungen wie OpenID, Power.com etc.[24] (zumindest in diesem Szenario) obsolet erscheinen, wenn die Verwaltung des eigenen Benutzerprofils an einer zentralen Stelle durchgeführt werden kann. Ein ebenso interessantes Szenario aus dem Bereich der Marketingforschung könnte eine Analyse von Personenprofile sein, welche durch Übereinkünfte in fest definierten Vokabularen (FOAF, Dublincore), zu einer hohen Grundgesamtheit, geringer Redundanz und hoher Aussagekraft in den Ergebnissen führt. Gemeinsame Übereinkünfte durch die Verwendung von Vokabularen lassen die eindeutige Beschreibung aller Inhalte zu, welche in

---

22 Homepage des Projekts Friend-of-a-friend (FOAF): http://www.foaf-project.org/. Aufgerufen am 30.11.2008
23 Zur Verfeinerung der Beschreibung von Personen und Ihrer Aktivitäten in sozialen Netzwerken wird derzeit eine Kombination aus den Vokabularen FOAF, SIOC und SKOS empfohlen. Vgl. Polleres, A ., Mochol, M.: Expertise bewerben und finden im Social Semantic Web. In: Pellegrini, T.; Blumauer, A.: Social Semantic Web.Web 2.0 – Was nun?. Berlin-Heidelberg 2009, S.191
24 Einen netzwerkübergreifenden Zugriff auf alle Social Networks sollen ansatzweise Systeme wie OpenID, Power.com, Facebook Connect, Google Friend Connect oder Microsoft Passport bieten. Vgl. http://t3n.yeebase.com/aktuell/news/newspost/powercom-eine-seite-fuer-alle-social-networks/2263/. Aufgerufen am 30.11.2008

RDF-Graphen dargestellt werden können und schließlich Informationen aus „Informationssilos" dem offenen Web zugänglich macht. Das „Browsen" im Web wird durch die Bildung von RDF-Graphen bedeutend nutzerfreundlicher, wenn sich Quellen vernetzter Daten vereinen. So ist es beispielsweise möglich, von Informationen über eine Person in einer FOAF-Datei zu Informationen über seinen Wohnort aus der DBpedia-Datei und anschliessend zu allen Rock Musikern dieser Stadt aus der Musicbrainz-Datei zu navigieren. Das Web der offen zugänglich strukturierten Daten ist mittlerweile auf über 2 Milliarden Triplen und etwa 3 Millionen RDF-Links herangewachsen[25] und bildet mit der so genannte „Open Data Cloud" das größte Daten-Repository:

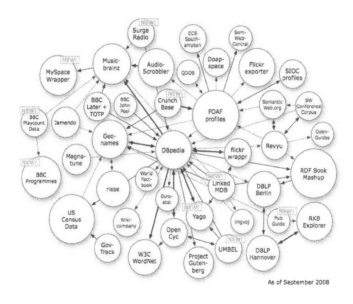

As of September 2008

Abbildung 3: Open Data Cloud - Quellen vernetzter Daten. Quelle: Bizer[26]

25 Bizer, C. Et al.: Linked Data: Principles and State of the Art, 17th International World Wide Web Conference, Beijing, China 2008, http://www.w3.org/2008/Talks/WWW2008-W3CTrack-LOD.pdf. Aufgerufenen am 28.11.2008
26 Heath, T. Et al.: How to Publish Linked Data on The Web, ISWC2008 27th October 2008, Karlsruhe, Germany, http://events.linkeddata.org/iswc2008tutorial/how-to-publish-linked-data-iswc2008-slides.pdf. Aufgerufen am 01.12.2008

2.3.4 Ontologien

Ontologien gehören zu dem Wissensgebiet der Philosophie seit Aristoteles und wurden in den letzten 15 Jahren durch die wachsende Bedeutung von Informations- und wissensbasierten Systemen wieder populär.[27] Experten modellieren über ihr Spezialwissen Ontologien, in denen Wissen, im Sinne von vernetzten Informationen, nachgebildet wird. Auf Basis dieser semantischen Netze können unterschiedliche Systeme durch eine explizite, formale Interpretation aller vernetzten Daten besser miteinander kommunizieren.[28] Im Unterschied zur RDF-Technologie ist es mit Ontologie-Sprachen möglich, Schlüsse zu ziehen (Reasoning), die auf einer Art menschlichen Hintergrundwissen basieren. Menschliches Hintergrundwissen geht zwar weit über die Repräsentation von einfachen Beziehungsgeflechten (RDF-Graphen) und dem ausschließlichen Einsatz von Vokabularen hinaus, wird allerdings mittels Ontologien durch eine mächtige Ausdrucksstärke in der Modellierung von Wissen gewürdigt. Diese semantische Reichhaltigkeit wird in Ontologien durch begriffliche Klassifizierungen, durch Relationen zwischen den Konzepten (Begriffe) und durch logische Regeln erreicht. Konzepte bilden Bedeutungsräume, die unterschiedliche Zugänge zu einem Thema erlauben, unterschiedliche Typen von Informationen erkennen, und damit den Kontext des Benutzers „einfangen".[29] So könnten neben den Ergebnissen einer semantischen Suche, Werbebotschaften erscheinen, die sich durch hohe Relevanz für den Nutzer auszeichnen. Derzeitige stichwortbasierte Werbeplatzierungen bieten zahlreiche Beispiele für markenschädigende Platzierungen von Online-Werbung. Die Evolution semantischer Modelle wird in Form der semantischen Treppe dargestellt:

---

27 Vgl. Fensel, D. Et al: Ontologies and Schema Langages on The Web. In: Spinning The Semantic Web. Bringing The Semantic Web to its Full Potential, London 2003, S.96
28 Vgl. Gruber, T.: A Translation Approach to Portable Ontology Specifications. Technical Report KSL 92-71, Knowledge Systems Laboratory, Stanford University 1993, S.2
29 Pellegrini, T.: Grundlagen des Semantic Web. Fortschritt mit (r)evolutionärem Potenzial, in: t3n Open Source & Web. (2008), Heft 14, S.24

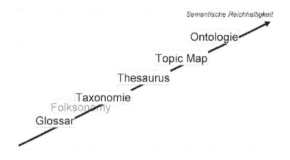

Abbildung 4: Semantische Treppe[30]

Glossare erklären Begriffe in alphabetischer Reihenfolge. Taxonomien strukturieren Begriffe in Hierarchien. Zum Beispiel werden Webseiten in großen Verzeichnissen, wie z.B. Web.de bestimmten Kategorien zugeordnet. Thesauren erweitern Taxonomien um die Möglichkeit der Beziehungen zwischen Begriffen. In der Praxis werden Synonyme oder passende Nennungen bei der Suche mittels Thesauren umgesetzt. Topic Maps lassen neben den hierarchischen Strukturen und Vererbungen auch Querverbindungen zu nicht hierarchisch angeordneten Themen zu. Beispielsweise gehören zum Topic „Audi Sportwagen" alle Audi Modelle der Kategorie Sportwagen, allerdings auch die Verbindungen zum Werk Ingolstadt.[31] Von Ontologien wird erst gesprochen, wenn Schlussfolgerungen (Reasoning) auf der Ebene der Ontologie und nicht erst in einer Anwendung gezogen werden.[32] Diese Schlüsse werden durch Regeln in einer Ontologie-Sprache wie beispielsweise OWL (Web Ontology Language)[33] beschrieben. Eine Regel kann z.b. sein, dass eine Mutter immer eine Frau ist. In dem Beispiel der Mutter-Kind Beziehung zieht der Computer somit unmittelbar den Schluss, dass die Mutter, welche

---

30 Vgl. Blumauer A., Pellegrini, T.: Semantic Web und semantische Technologien, In: Pellegrini, T.; Blumauer, A.: Semantic Web. Wege zur Wissensgesellschaft. Berlin-Heidelberg 2006, S.16
31 Vgl. Mühlhoff, T., Vollmar, G.: Ein Konzern will wissen was er weiß – Die ThyssenKrupp CommunityWorld vernetzt die Wissensträger in über 800 Konzernunternehmen. In: Gronau, N., Petkoff, B., Schildhauer, T.: Wissensmanagement – Wandel, Wertschöpfung, Wachstum, Tagungsband zur Knowtech 2004, GITO, Berlin 2004, S.50f
32 Vgl. Blumauer A., Pellegrini, T.: Semantic Web und semantische Technologien. In: Pellegrini, T., Blumauer, A.: Semantic Web. Wege zur Wissensgesellschaft. Berlin-Heidelberg 2006, S.16
33 W3C Spezifikation von OWL: http://www.w3.org/TR/owl-features/. Aufgerufen am 02.12.2008

das Kind pflegt, eine Frau ist. Weitere Regeln dieser Art könnten sein, dass alle Mütter eine Verwandtschaft mit ihren Kindern pflegen. Über diese Regeln wächst eine Ontologie zu einer umfangreichen Datenbank an, welche die Speicherung von Wissen semi-automatisiert. Ontologien sind in der Praxis sehr komplex und können zum heutigen Zeitpunkt von den meisten Webbenutzern nicht erstellt werden, auch wenn die Entwicklung einfacher Editoren zur Erstellung von Ontologien einen aktuellen Trend darstellen.[34] Dieser Umstand wird allerdings die Vernetzung semantischer Daten nicht bremsen:

- Die Erstellung „leichtgewichtiger" Ontologien mittels RDF-S bieten in der Masse schon viel Potential für intelligente Web-Applikationen.[35]

- Metadaten wie z.b. RDF können aus relationalen Datenbanken (Blogs, Online-Shops, etc.) schon durch geringen technologischen Einsatz analysiert und als RDF-Triple publiziert werden. Die Aufgabe der „Semantifizierung" von relationalen Datenbanken, kann beispielsweise durch das Plugin Triplify[36] gelöst werden.

- Eine automatische Generierung von Metadaten zur Beschreibung von Daten kann durch Verwendung verschiedener Algorithmen umgesetzt werden. Hierbei kommen Technologien aus dem Bereich des maschinellen Lernens zum Einsatz um bereits publizierte Dokumente, Bilder oder andere Inhalte zu analysieren. Die automatische Transformation von Daten in ein strukturiertes Format (RDF oder ähnliche), wird „Wrapping" genannt. Diese Form der Generierung von Metadaten ist noch durch Ungenauigkeiten gezeichnet und stellt die Forschung vor Optimierungsaufgaben.[37] Im Jahr 2008 hat Thomas

---

34 Etablierter Ontologie-Editor Protégé: http://protege.stanford.edu/. Alternativer Ontologie-Editor Swoop: http://www.mindswap.org/2004/SWOOP/. Beide Links aufgerufen am 04.12.2008
35 Vgl. Hendler J.: Semantics and the Network Effect. A little semantics goes a long way, Rensselaer Polytechnic Institute, 2007, S1. Online verfügbar: http://research.microsoft.com/workshops/SemGrail2007/Papers/JimH_Position.doc. Aufgerufen am 04.12.2008
36 Homepage Triplify: http://triplify.org/. Aufgerufen am 08.12.2008
37 Groenouwe, C., Top, J.: Towards a Constitution Based Game for Fostering Fluency in "Semantic Web Writing". Vrije Universiteit Amsterdam. In: 1st International Workshop on Incentives for The Semantic Web. ISWC Karlsruhe 2008

Reuters aufsehen mit einem Textanalyse Tool erregt, welches textuelle Informationen (Artikel, Blogeinträge/ Kommentare und Newsmeldungen) auf Webseiten durch semantische Annotationen kategorisiert und mit anderen Informationen im Web zu verknüpft.[38]

- Metadaten werden schon heute von Menschen hergestellt, beispielsweise in Form von Web 2.0 Diensten wie Tagging/ Bookmarking-Anwendungen (Flickr[39], Delicious[40]). Der Vorteil ist der Ansatz eines Community-Agreements und die Aussagekraft durch menschliche Beschreibung von Inhalten.

- In den meisten Fällen können Ontologien wiederverwendet werden, um beispielsweise Wissen aus speziellen Bereichen zu kombinieren. Beispiele für große Ontologien sind das naturwissenschaftliche Projekt Halo[41], oder Ontologien in der Medizin[42].

Die Interpretation und Wissensumsetzung auf Basis von Ontologien erfolgt wahlweise auf zwei verschiedene Wege:

- Durch Menschen, die das erkannte Muster verstehen und eine Entscheidung auf Basis des neugewonnenen Wissens treffen.[43] Speziell für die Visualisierung von komplexen Beziehungsgeflechten können semantische Netze (Ontologien) die Kommunikation zwischen Management und IT-Experten unterstützen.

- Durch eine Anfragesprache (SPARQL), die das Datenmodell RDF/OWL versteht, inbegriffen der semantischen Eigenschaften.

---

38 Homepage OpenCalais: www.opencalais.com. Aufgerufen am 08.12.2008
39 Homepage von der Photo-Verwaltungs und Tauschanwendung Flickr: http://www.flickr.com. Aufgerufen am 04.12.2008
40 Homepage der Webanwendung für Social Bookmarking Del.icio.us: http://delicious.com/. Aufgerufen am 04.12.2008
41 Homepage des Projekts Halo: http://www.projecthalo.com
42 Vgl. Herman, I. Et al: The Semantic Web in Action. In: Scientific American, December 2007
43 Davenport, T.H.: Wenn Ihr Unternehmen wüsste, was es alles weiss. Landsberg/Lech 1999. S.271

2.3.5 SPARQL

Werden alle semantisch annotierten Inhalte im Web oder in der „Open Data Cloud" als eine frei zugängliche Webdatenbank verstanden, soll auf den Inhalt dieser Webdatenbank ebenso zugegriffen werden können wie auf relationale Datenbanken.[44] Erst dadurch kann das Wissen aus vernetzten Informationen dem Benutzer über semantische Anwendungen nützlich werden. SPARQL ist die Anfragesprache für semantisch strukturierte Daten, während beispielsweise SQL die Anfragesprache an MySQL Datenbank ist. SPARQL ist inzwischen zum Standard im Semantic Web geworden.[45] Wissenbasen, bestehend aus RDF-Triplen, können mittels SPARQL-Anfragen durchsucht werden. Zum Beispiel kann eine SPARQL-Anfrage an die semantische Wissensbasis DBpedia schon heute folgende Suche mit einem präzisen Ergebnis durchgeführt werden: „Welche Fußball Spieler haben die Trikot Nr. 10 und spielen für einen Club, dessen Stadion Platz für mehr als 10000 Zuschauer bietet?"[46]

2.3.6 Proof, Trust

Informationen von Semantic Web Anwendungen müssen sowohl vom Benutzer, als auch von Software-Agenten[47] formal nachvollzogen werden können, woher die Informationen stammen. Webseitenbetreiber verlassen sich im derzeitigen Web auf kontrollierte Datenquellen mit bekannten Eigenschaften bezüglich ihrer Veränderlichkeit und Antwortzeiten. Wenn allerdings Datenquellen über das ganze Semantic Web verteilt sind, müssen neue Proof-Mechanismen implementiert werden, um die Performance der eigenen Dienste aufrechtzuerhalten.[48] Ebenfalls sollen Suchmaschinen-Ergebnisse von den

---

44 Vgl. Stenzhorn, H.Samwald, M.: Das Semantic Web als Werkzeug in der biomedizinischen Forschung. In: Blumauer A., Pellegrini, T.: Social Semantic Web. Web 2.0 - Was nun? Berlin-Heidelberg 2006, S.439
45 W3C Spezifikation von SPARQL: http://www.w3.org/TR/rdf-sparql-query/. Aufgerufen am 07.12.2008
46 Vgl. Auer, S. Et al.: DBpedia: A Nucleus for a Web of Open Data. Berlin-Heidelberg 2007,S.11
47 Software Agenten unterstützen den Benutzer mit Web Services, welche auf Basis seiner Interessen, Interaktionen und persönlicher Daten im Web gefiltert werden.
48 Krötzsch, M. Et al.: Die Zwei Kulturen. In: Blumauer A., Pellegrini, T.: Social Semantic Web. Web 2.0 - Was nun? Berlin-Heidelberg 2006, S.115

Benutzern jederzeit überprüfbar hinsichtlich der aufgeführten Quellen sein. Menschen stehen oft widersprüchlichen Informationen aus verschiedenen Quellen gegenüber und drängen zu einer Entscheidung, welche Information akzeptiert werden kann. Gerade die Vision eines offenen Webs, in dem jeder über jeden Aussagen treffen kann,[49] beherbergt die Gefahr von zunehmenden Falschaussagen, welche sich negativ auf das Vertrauen in Webinhalte auswirken, beziehungsweise das Semantic Web im Ganzen als fragwürdig erscheinen lassen könnten. Beispielhaft zur Thematik des berechtigten Vertrauensverlust gegenüber Suchmaschinenergebnissen sind die unzähligen Versuche von Webseiten-Betreibern, die Bekanntheit ihrer Webseite durch Manipulation von Metadaten zu steuern. Suchmaschinen, welche das Ranking auf Basis dieser Metadaten berechnen, verzichten mittlerweile fast komplett auf Metadaten-Informationen als Einflussfaktor für die Ermittlung der Position in den Ergebnissen von Suchanfragen. Vertrauen im Semantic Web wird schon seit seiner Entstehung lebhaft diskutiert und verfolgt das Ziel unter Unsicherheit zu agieren, nicht zu viele Risiken einzugehen, so wenige Gelegenheiten wie möglich zu verpassen und geringe Zeit für Beratschlagungen aufzuwenden.[50] Damit Informationen im Semantic Web nicht an Vertrauenswürdigkeit verlieren, oder im so genanntem „Metacrap"[51] versinken, werden in der Forschung derzeit folgende Trust-Ansätze verfolgt:

- **Web Of Trust** verfolgt den Ansatz, dass Nutzer eine Gruppe von Informationsanbietern (A) bestimmen, denen er vertraut. Alle Informationen von dieser Gruppe akzeptiert der Nutzer von nun an als vertrauenswürdig. Ebenfalls werden Informationen als vertrauenswürdig eingestuft, welche von Informationsanbietern (B) stammen, denen die Informationsanbieter (A) vertrauen. Beispiel: Tom vertraut Mike, Mike vertraut John. Daraus ergibt sich, dass Tom auch John vertraut.

49 Berners-Lee, T., Hendler, J., Lassila, O.: The Semantic Web. A new form of Web content that is meaningful to computers will unleash a revolution of new possibilities. In: Scientific American, 2001. Online verfügbar: www.sciam.com/article.cfm?id=the-semantic-web
50 Vgl. Wu, Z., Chen, H.: Trust Computing in the Semantic Grid. In: Semantic Grid: Model, Methodology, and Applications. Berlin-Heidelberg 2008. S.82
51 Vgl. Doctorow, C.Metacrap: Putting the torch to seven straw-men of the meta-utopia. 2001. Online verfügbar: http://www.well.com/~doctorow/metacrap.htm. Aufgerufen am 09.12.2008

- **TidalTrust** ist eine Erweiterung des Friend-of-a-Friend[52] RDF-Vokabulars, welches in Social Networks eingesetzt wird und zusätzliche Eigenschaften zur Beschreibung von Vertrauensstufen zwischen Personen anbietet. Ebenfalls können die Vetrauensstufen thematisch spezifiziert werden. Beispiel: Tom vertraut Mike in Themen wie Autos und Golf spielen. Die gewählte Vertrauensstufe zwischen Tom und Mike gilt hierbei nur für die Themen „Autos" und „Golf". TidalTrust[53] ist ein Algorithmus, welcher den Wert von Vertrauen zwischen direkten und indirekten Verbindungen in Social Networks quantitativ errechnet. Grundprinzip der Bewertung von Informationen hinsichtlich ihrer Vertrauenswürdigkeit ist das subjektive Vertrauen und nicht das durchschnittliche Vertrauen einer großen Menge von Personen. Beispiel: Auf die Frage, ob die Bundeskanzlerin der Bundesrepublik Deutschland vertrauenswürdig ist, werden einige Menschen zustimmen, andere wiederum nicht. Der Durchschnittswert aller Stimmen ist allerdings für beide Gruppen zur Bildung von Vertrauen über die Wahrheit nicht nützlich.[54] TidalTrust priorisiert Aussagen von ablehnenden/ zustimmenden Personen nur für diejenigen Personen, welche im direkten Kontakt zueinander stehen und eine hohe Vertrauensbewertung genießen. Beispiel: Michael lehnt die Vertrauenswürdigkeit von Frau Merkel ab. Mike ist direkter Freund von Tom, somit wird die Information der zweifelhaften Vertrauenswürdigkeit von Frau Merkel im Gegensatz zu den zustimmenden Meinungen für Tom priorisiert.

- Das **Trellis Experiment** untersucht die Vertrauenswürdigkeit von Inhalten in Abhängigkeit der jeweiligen Quelle. Wenn eine Quelle von mehreren Personen als Vertrauenswürdig bestimmt wird, ermittelt Trellis

---

52 Homepage des Projekts Friend-of-a-friend (FOAF): http://www.foaf-project.org/. Aufgerufen am 30.11.2008. Siehe auch Kapitel „RDF"
53 Vgl. Golbeck, J.: Computing and Applying Trust in Web-based Social Networks, Dissertation at the University of Maryland 2005, S.72. Online verfügbar: http://www.lib.umd.edu/drum/handle/1903/2384. Aufgerufen am 10.12.2008
54 Vgl. Katz, Y., Golbeck, J.: Social Network-based Trust in Prioritized Default Logic, Proceedings of the national conference on artificial intelligence 2006, S.3. Online verfügbar: http://trust.mindswap.org/papers/AAAI0610KatzY.pdf. Aufgerufen am 10.12.2008

einen Wert für die Information.[55] Dieses Verfahren nutzt RDF-Strukturen und benötigt im Gegensatz zu TidalTrust für die Bewertung der Informationen keine Einbeziehung des subjektiven Vertrauens. Trellis Verfahren können somit in aussenstehenden Knoten eines RDF Netztes genutzt werden und ein vorhandenes Web of Trust nutzen.[56]

- **Digitale Signaturen** werden für eine eindeutige Zuordnung zwischen RDF-Aussagen und den jeweiligen Verfassern in einem XML-Standard veröffentlicht. Beispiel einer RDF-Aussage: Thomas ist Autor von „Semantic Web – Architektur und Status Quo". Mit einer Digitalen Signatur soll erreicht werden, dass Verfasser mit ihrem Namen für die publizierten Inhalte stehen. Semantische Suchmaschinen, welche digital signierte Dokumente besser ranken, berücksichtigen somit die Ersterstellung und könnten Kopien zum Schutz des Urhebers im Ergebnis abwerten.

2.4 Semantic Web Services

Um die Bedeutung von Semantic Web Services zu erläutern, sollen an dieser Stelle die grundlegenden Funktionen der bereits weit verbreiteten Service-orientierten Architektur (SOA) durch Web Services vorgestellt werden und anschließend mit den nötigen Erweiterungen der Semantic Web Services abschließen. Web Services bieten die Möglichkeit, Applikationen auf entfernten Servern zu nutzen, den Informationsaustausch zwischen heterogenen Anwendungen interoperabel zu gestalten und um schließlich wirtschaftliches Handeln zu vereinfachen. Das populärste Beispiel ist der Amazon Web Service, welcher Webentwicklern die Möglichkeit bietet, Funktionen und Inhalte von Amazon nahtlos in ihre Websites zu integrieren.[57] Andere Beispiele aus dem

---

55 Vgl. Gil, Y., Ratnakar, V.: Trusting Information Sources One Citizen at a Time. In: The Semantic Web - ISWC 2002, Berlin-Heidelberg 2002. S.162-176
56 Vgl. Bizer, C.:Bausteine einer Vertrauens- und Sicherheitsinfrastruktur für das Semantic Web. XMIDX-DWS2003 Berlin. S.9. Online verfügbar: http://www4.wiwiss.fu-berlin.de/bizer/SWTSGuide/semtrust.ppt. Aufgerufen am 11.12.2008
57 Homepage Amazon Web Services: http://aws.amazon.com/. Aufgerufen am 5.12.2008

B2B-Sektor integrieren Web Services in die Wertschöpfungskette, um Auftragsabwicklungen zwischen heterogenen Unternehmen weitestgehend zu automatisieren, effektiver zu bearbeiten und um schließlich Kosten zu sparen.[58] Besonders kleinen bis mittleren Unternehmen eröffnen Web Services die Chance, durch automatisierte Geschäftsprozesse an der Herstellung von Produkten oder an der Lieferung von Dienstleistungen zu partizipieren. Ergänzend sei noch darauf hingewiesen, dass Web Services wiederum auch Informationen mit multiplen Web Services nahezu automatisiert austauschen können. Diese Prozedur wird Orchestrierung genannt. Durch die zunehmende Maschine zu Maschine-Interaktion entwickelt sich eine globale Anwendungsarchitektur, die losgelöst von der Präsentation der Daten, Funktionen ausführen kann. Die Entkopplung der präsentierten Inhalte auf der Webseite von der Datenebene, ermöglicht eine flexible, individuelle Struktur auf der Webseite und bietet damit einen zusätzlichen Reiz für Unternehmen, vielseitige Applikationen an unterschiedliche Systemlandschaften zu adoptieren. Das Übertragungsformat XML wird im Web als Austauschformat zwischen Web Services festgelegt. Auch wenn die zu Grunde liegenden Netzeffekte durch jeden weiteren Web Service im globalen Web zunehmen, entfachen Web Services auch in kleinen B2B Netzen schon große Vorteile.[59] Besonders E-Business Geschäftsmodelle profitieren von schnelleren Geschäftsabwicklungen, effizientem Supply Chain Management, Wettbewerbsvorteilen am Markt und steigender Produktivität.[60] Damit diese automatische Diensteabwicklung zwischen Applikationen funktioniert, müssen Standards für die Übertragung der Informationen festgelegt werden:

---

58 Alonso, G. Et al.: Web Services - Concepts, Architectures and Applications. Heidelberg 2003, S.126
59 Vgl. Daconta, M. C., Obrst, L. J., Smith, K. T.: The Semantic Web. A Guide to The Future of XML, Web Services, and Knowledge Management, Indianapolis 2003, S.58
60 Vgl. Paolucci, M. Et al.: Semantic Matching of Web Services Capabilities. Carnegie Mellon University Pittsburgh, S.1

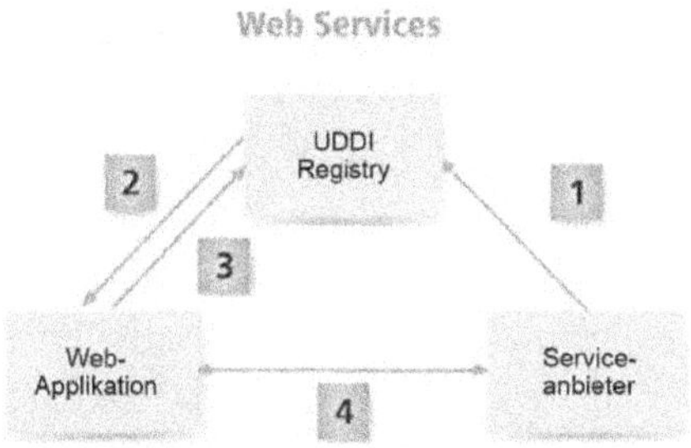

Abbildung 5: Web Service Standards (Quelle: Esri.com)

In Schritt 1 macht der Service-Anbieter seinen Dienst bei der UDDI-Registry (Universal Description, Discovery, and Integration) bekannt. Dies könnte ein Dienst über beliebte Reiseziele sein. In Schritt 2 wird die Web-Applikation des Benutzers nach einem geeigneten Web Service suchen und stellt eine Verbindung dem Web Service Anbieter aus der UDDI-Registry her. In Schritt 3 erhält die Web-Applikation des Benutzers eine Beschreibung über die unterstützten Methoden für den Programmierer im WSDL-Format (Web Service Description Language). Beispiele könnten Erdteil, Saison oder Sprache sein. In Schritt 4 kommuniziert die Web-Applikation des Benutzers mit dem Service-Anbieter via SOAP (Simple Object Access Protocol), dem Standardprotokoll für den Austausch von XML-basierten Nachrichten unter Web-Services. Ab jetzt übernehmen multiple Web Services automatisiert die Prozesse der Reisebuchung, ohne dass der Benutzer die einzelnen Prozesse auf verschiedenen Plattformen Schritt für Schritt durchgehen muss. Bei dem Einsatz von Web Services treten folgende Schwierigkeiten auf:

- Die richtigen Web Services sind bei komplexen Aufgaben schwer Auffindbar, zum einen aufgrund einer Auswahl unter Millionen von Web Services und zum anderen weil funktionale Unterschiede meistens erst im Detail auffallen.[61]

---

61 Vgl. Stollberg, M., Hepp, M., Fensel, D.: Semantic Web Services – Realisierung der SOA Vision mit semantischen Technologien, SWS – MKE conference 2007, S.4

- Web Services im derzeitigen Web unterliegen einer schwachen Ausdruckskraft in der Beschreibung über die unterstützten Methoden, welche im WSDL-Format übertragen werden. Dies würde in einigen Fällen die automatisierte Bearbeitung behindern und eine manuelle Analyse des Nutzers verlangen.[62]

Semantic Web Services kombinieren Semantic Web Technologien mit Web Services. Daraus ergeben sich in der Hauptsache Vorteile bei der Auffindung von Web Services, welche durch detaillierte Beschreibungen der Funktionalitäten angereichert sind und auf der Grundlage von Geschäftslogiken aufbauen.[63] Geschäftslogiken werden in Ontologien spezifiziert, und können das Unternehmenswissen von Geschäftsprozessen, Hierarchien, Mitarbeiterinformationen, Lieferkonditionen, bis hin zu allen weiteren unternehmensweiten Daten beinhalten. Wenn Web Services zusätzlich semantische Annotationen durch RDF oder OWL erhalten, wird die Auffindbarkeit solcher Services in Bezug auf den jeweiligen Kontext des Auftrags, präziser. Ebenfalls können Semantic Web Services bei unerwarteten Ausfällen eines Service, automatisch „bedeutungsnahe", alternative Web Services verwenden, damit der automatische Prozess nicht unterbrochen wird. Geschäftsprozesse, welche durch Ontologien repräsentiert werden, geben Regeln für das Verhalten der Semantic Web Services in verschiedenen Szenarien vor und grenzen darüber hinaus die relevantesten Web Services für die Erfüllung einer Aufgabe ein. Zum Beispiel könnte eine Regel sein, dass Materialien in der Beschaffung einen festen Preis nicht überschreiten dürfen. Andernfalls müsste die Geschäftsleitung automatisch benachrichtigt werden. Semantic Web Services suchen aufgrund dieser Regel automatisiert und dynamisch nach den günstigsten Preisen, ohne dass der Benutzer eingreifen

---

62 Vgl. Preist, C. Goals and Visions. Combining Web Services with Semantic Web Technology. In: Studer, R., Grimm, S., Abecker, A.: Semantic Web Services, Berlin-Heidelberg 2007, S.159
63 Einen Ansatz zur Abgleichung von Semantic Web Services zur Laufzeit wird von Paolucci vorgeschlagen. Vgl. Paolucci, M. Et al.: Semantic Matching of Web Services Capabilities. Carnegie Mellon University Pittsburgh, S.1ff

muss. Die präzisen Restriktionen können nur computerverarbeitbar sein, wenn Übereinkommen in den verwendeten Vokabularen zwischen Anbietern und Nachfragern zur Beschreibung von Preisen, Produkteigenschaften, Organigrammen etc. spezifiziert werden. Die Web Service Modeling Language (WSML) ist eine konkrete formale Sprache zur semantischen Beschreibung von Web Services. Diese basiert auf der WSMO (Web Service Modeling Ontology), einem konzeptuellen Modell bestehend aus folgenden Elementen:[64]

- Ontologien (erstellt durch die Sprache OWL-S)
- Web Services
- Goals (beschreiben die Anforderungen des Anwenders)
- Mediators (Vermittler zwischen Semantic Web Services bei interoperablen Problemen)

Seit 2007 liegt die vom W3C empfohlene semantische Annotation von WSDL (SAWSDL) vor und stellt einen alternativen Ansatz zu WSML dar. Diese Spezifikation erweitert WSDL um die Möglichkeit, Ontologien mit den Web Services zu verknüpfen. Vor dem Hintergrund der Entstehung innerhalb der W3C, sind in Zukunft weitere Entwicklungen zu erwarten.[65] Web-basierte Geschäftsprozesse, welche die Orchestrierung der aufgerufenen Dienste ermöglichen, werden durch die Sprache BPEL beschrieben. BPEL4SWS (BPEL for Semantic Web Services) ist eine Sprache zur semantischen Beschreibung von web-basierten Geschäftsprozessen, welche auf Ontologien basiert und damit die Flexibilität der Geschäftsprozesse erhöht.[66] Das OASIS-Projekt entwickelte Ende 2008 eine Referenz-Ontologie mit den Konzepten, welche für Semantic Web Services relevant sind.[67]

---

64 Vgl. Studer, R., Grimm, S., Abecker, A.: Semantic Web Services. Concepts, Technologies, Applications, Berlin-Heidelberg 2007, S.159
65 Vgl. Stollberg, M., Wahler, A., Fensel, D.: Semantic SOA – Automatisierung und Interoperabilität in Service-Orientierten Architekturen. In: Information Management & Consulting 2008, S.15
66 Vgl. Nitzsche, J. Et al.: BPEL for Semantic Web Services (BPEL4SWS). In: On the Move to Meaningful Internet Systems 2007: OTM 2007 Workshops, Berlin-Heidelberg 2007, S.179
67 Vgl. Lublinsky, B.: Reference Ontology for Semantic Service Oriented Architectures. Erstellt 07.12.2008. http://www.infoq.com/news/2008/12/ReferenceOntology. Aufgerufen am

Vorteile durch den Einsatz von Semantic Web Services sind:

- Automatische Schlussfolgerungen zur Komposition von verschiedenen Web Services während der Laufzeit (dynamisch).[68] Dies beschleunigt das Auffinden und Ausführen von relevanten Web-Services, und wirkt sich letztendlich positiv auf die Produktivität aus.

- Ontologien bieten eine semantische Brücke zwischen heterogenen Ontologien durch so genanntes „Mapping". Damit ist es möglich Aussagen zu treffen, wie z.B. dass alle „Einkaufspreise" einer Ontologie gleichbedeutend zu den „Nettopreisen" einer anderen Ontologie sind.[69] Das so genannte „Mapping" unterstützt die Interoperabilität zwischen heterogenen Diensten. Diese dynamische Konfiguration der Wertschöpfungskette wird in Zukunft Anpassungsprozesse bei Veränderungen in Märkten beschleunigen.[70]

Semantic Web Services unterstützen somit die Generierung von Mehrwerten in der zunehmenden „Informatisierung" von Wertschöpfungsketten. Zusätzlich bieten die Vorteile von Semantic Web Services Argumente für eine wertorientierte und nicht kostenorientierte Diskussion. IT-Experten fordern diesen Wandel nicht zuletzt aufgrund der Tatsache, dass Kosten für den Einsatz von SOA in jedem Fall eintreten.[71]

12.12.2008
68 S. McIlraith, Son, T., Zeng, H.: Semantic Web Services. In: IEEE intelligent Systems, April 2001, S.50. Online verfügbar:
http://nclab.kaist.ac.kr/lecture/cs744_2003_Spring/semanticWebServices.pdf. Aufgerufen am 09.12.2008
69 Vgl. Stollberg, M., Hepp, M., Fensel, D.: Semantic Web Services – Realisierung der SOA Vision mit semantischen Technologien, SWS – MKE conference 2007, S.8
70 Vgl. Paolucci, M. Et al.: Semantic Matching of Web Services Capabilities, Pittsburgh 2002, S.346. Online verfügbar:
http://www.cmpe.boun.edu.tr/~pyolum/cmpe596/papers/matchmaking.pdf. Aufgerufen am 09.12.2008
71 Vgl. Schädler, N.: Wieviel SOA braucht der Mensch? Vortrag an der Fachhochschule Bonn-Rhein-Sieg. Teilgenommen am 10.12.2008

3 Good Practices – Semantic Web im Einsatz

Die fortschreitenden Ergebnisse in der Forschung um das Semantic Web brachten neue Anwendungen hervor, von denen nützliche und zukunftsweisende Anwendungen in diesem Kapitel vorgestellt werden sollen.

3.1 Yahoo! SearchMonkey

Yahoo startete im Mai 2008 die Entwicklungsplattform „SearchMonkey" und ist somit als erste große Suchmaschine im Bereich Semantic Search aktiv. SearchMonkey soll laut Yahoo! die Nützlichkeit und Relevanz der Suchmaschinenergebnisse steigern, indem es semantisch ausgezeichnete Webseiten (RDF) analysiert und unterstützt.[72] Die Standard Suchmaschinenergebnisse werden dann die bisherigen Infobars mit reichhaltigeren Inhalten erweitern:

Abbildung 6: Erweiterte und Standard Anzeige von Suchmaschinenergebnissen in Yahoo SearchMonkey[73]

Beispielsweise können Webentwickler SearchMonkey verwenden, um verschiedene Seiten von Musik Bands anzusteuern und die Suchergebnisse um CD-Covers, Song Texte oder Mp3-Links erweitern. Benutzer der Suchmaschine können somit schon in den Ergebnissen die Relevanz besser abschätzen. Die Anzeige der erweiterten Ergebnisse basiert auf RDF-

---

72 Kumar, A.: The Monkey is Out and the Challenge is On. Erstellt 15.05.2008. Online
   verfügbar: http://www.ysearchblog.com/archives/000583.html. Aufgerufen am 12.12.2008
73 Kumar, A.: The Monkey is Out and the Challenge is On. Erstellt 15.05.2008. Online
   verfügbar: http://www.ysearchblog.com/archives/000583.html. Aufgerufen am 12.12.2008

Auszeichnungen in den durchsuchten Webseiten. In der Suche von SearchMonkey werden auch Vokabularien wie FOAF, DBpedia und Dublincore ausgelesen. Voraussetzung dieser Funktionsweise sind selbstverständlich die RDF-Auszeichnungen in den durchsuchten Webseiten. Yahoo! Wird diese Technologie noch im Jahr 2009 auch in die eigene Suche integrieren.[74] Bei Google ist hingegen noch nicht klar, wie und ob semantische Technologien für Weiterentwicklung der Suche Einfluss finden werden. Zumindest wurde ein Statement von Marissa Mayer (Google Vice President of Search Products) bezüglich der Thematik abgegeben: „We are noct focused on semantic search".[75]

3.2 DBpedia – Semantisches Wikipedia

Das DBpedia Projekt setzt sich zum Ziel die größte im Web vorhandene Informationsquelle Wikipedia, als eine semantische Wissensbasis zur Verfügung zu stellen, in der alle Inhalte aus den Wikipedia-Infoboxen und Verlinkungen durch RDF ausgedrückt werden. Dadurch lassen sich anspruchsvolle Anfragen an die Wissensbasis stellen oder neue Anwendungen entwickeln, die Informationen aus DBpedia und zusätzlichen Wissensdatenbanken wie FOAF, Geonames oder Musicbrainz kombinieren. Zum Beispiel könnte eine Anfrage lauten: Zeige mir alle Personen, die in Bonn wohnen und deren Musikgeschmack Rock ist.[76] Solche Anfragen können im derzeitigen Web nur unzureichend beantwortet werden, weil es im Web für Begriffe wie Personen, Städte, und Musikgruppen keine einheitliche Beschreibung (Repräsentation) gibt. Hier setzt DBpedia an, das Wissen aus Wikipedia besser durchsuchbar zu machen. Mittlerweile beinhaltet DBpedia 2,6

---

74 Perez, S.: Yahoo Search To Offer Abstracts of Search Results, Determine Intent. Erstellt 05.12.2008. Online verfügbar: http://www.readwriteweb.com/archives/yahoo_search_to_offer_abstracts_of_search_results_ determine_intent.php. Aufgerufen am 12.12.2008
75 Mayer, M.: Google's Marissa Mayer on search evolution. Interview von Vator News. Erstellt am 26.11.2008. Online verfügbar: http://www.vator.tv/news/show/2008-11-24-googles-marissa-mayer-on-search-evolution. Aufgerufen am 12.12.2008
76 Vgl. Auer, S., Dietzold, S., Martin, M.: Semantische Webapplikationen etwickeln. In: t3n – Open Source & Web, 2008, Heft 12, S.31

Millionen Begriffe, welche insgesamt 274 Millionen RDF-Triple ergeben.[77] DBpedia ist kostenfrei zugänglich und bietet somit das Potenzial, eine weit verbreitete Nutzung zu genießen. Eine ebenfalls zukunftsorientierte und nützliche Applikation ist **DBpedia Mobile**. Handybenutzer können mit dieser Applikation ortsabhängige Informationen abrufen, in denen die jeweilige GPS-Position mit Wissensdatenbanken kombiniert werden kann. Beispielszenarien könnten sein:

- Freunde aus der FOAF Datenbank könnten angezeigt werden, welche sich in der näheren Umgebung aufhalten.

- Touristen könnten sich Beschreibungen von Sehenswürdigkeiten aus DBpedia und passende Bilder aus der Fotodatenbank Flickr[78] anzeigen lassen.

- Shopper könnten sich im Vorbeigehen an Geschäften (aus der Wiki Company-Datenbank) Schnäppchen oder interessante Produkte, basierend auf ihren Interessen aus der FOAF-Datenbank, auf das Handy schicken lassen.

Abbildung 7: DBpedia Mobile mit Kartenansicht[79]

DBpedia Mobile ist eine nützliche Anwendung, welche die derzeitige Konvergenz von Desktop Pc's und mobilen Endgeräten beschleunigen kann,

---

77 Webseite von DBpedia: http://dbpedia.org/About. Aufgerufen am 13.12.2008
78 Homepage von der Photo-Verwaltungs und Tauschanwendung Flickr: http://www.flickr.com. Aufgerufen am 04.12.2008
79 Becker, C., Bizer, C.: DBpedia Mobile: A Location Enabled Linked Data Browser. 2008. S.1. Online verfügbar: http://events.linkeddata.org/ldow2008/papers/13-becker-bizer-dbpedia-mobile.pdf. Aufgerufen am 13.12.2008

weil der geografische Kontextbezug nur bei mobilen Endgeräten sinnvoll und technisch möglich ist.

4 Fazit

In dieser Arbeit wurde die Architektur des Semantic Webs erklärt und es wurden die darauf aufbauenden Technologien, anhand von praktischen Beispielen beschrieben. Der Nutzen einer umfassenden, globalen Verflechtung aller Daten, wie sie durch RDF/OWL Annotationen strukturiert werden können, deutet sich zusammenfassend in folgenden Prozessen an:

1. **Informationszugänge:** Vernetzte Daten öffnen die Tore zu „Informationssilos" und werden damit dezentral zugänglich für weitere computergestützte Anwendungen. Zum Beispiel kann eine Analyse von Community-Mitgliedern bei fehlender RDF-Formatierungen bestenfalls nur von den Betreibern der Community durch interne Datenbankanfragen durchgeführt werden.

2. Informationsvernetzung: Die Vernetzung von RDF-Dokumenten basiert im Regelfall auf dem Prinzip der semantischen Ähnlichkeit. Nachrichten, Blogeinträge, Personenprofile in Social Communities oder Produkte können im Zuge der Navigation durch das Web jeweils dem Kontext des Anwenders angepasst werden. Zum Einsatz kommen hierbei nicht nur begriffliche Kriterien bei der Allokation von Informationen, sondern zunehmend Wissensmodelle und Ontologien.[80]

3. **Informationsaggregation:** Web-Anwendungen und Desktop-Anwendungen bauen zunehmend auf Semantic Web Middleware auf, indem der durch RDF geöffnete Informationsraum zur automatisierten Weiterverarbeitung/Kombination von bestehenden Daten genutzt werden kann, und folglich neue Services entstehen werden. (Semantic Blogs, Semantic Wikis, Location-based Services).[81]

---

80 Vgl. Pellegrini, T., Blumauer A.: Semantic Web Revisited. Eine kurze Einführung in das Social Semantic Web. In: Blumauer A., Pellegrini, T.: Social Semantic Web. Web 2.0 - Was nun? Berlin-Heidelberg 2006, S.18
81 Vgl. ebenda

Um das Semantic Web und seine positiven Effekte zu nutzen, müssen Hürden überwunden werden, welche maßgeblich den webweiten Anlauf bestimmen:

1. **Kritische Masse:** Semantisch ausgezeichnete Inhalte (z.B. durch RDF) sind derzeit noch nicht weit genug verbreitet, um die Vision des Semantic Webs Wirklichkeit werden zu lassen. Durch jede semantische Auszeichnung eines Datensatzes, wird die semantische Auszeichnung von weiteren Datensätzen für Benutzer exponentiell nützlicher. Der Gebrauchswert von vernetzten Informationen basiert auf der Grundlage von so genannten „Netzeffekten". Einen Anreiz für die Erstellung von semantischen Auszeichnungen innerhalb von Web-Dokumenten, könnten Such-maschinen leisten, in dem sie RDF-Auszeichnungen verstehen und unterstützen. Dadurch werden zunehmend Webseiten mit semantischen Auszeichnungen versehen werden.[82]

2. **Datenschutz:** Das Semantic Web wird kein rechtsfreier Raum sein, in dem personenbezogene Informationen frei verwendet werden können, ohne dass die betreffenden Personen die Kontrolle ihre Daten behalten. Eine zunehmende Verflechtung von Informationen über Personen, ihrer Eigenschaften, Präferenzen und geografischen Position, erklärt den Handlungsbedarf der Gesetzgebung in der Thematik Datenschutz, Urheberrecht und Wettbewerbsregulierung.[83]

3. **Trust:** Die vorgestellten Methoden zur Generierung eines Vertrauens-werts in sozialen Netzwerken (siehe Kapitel Proof, Trust), sind noch keine etablierten Lösungen. Die Nachteile sind geprägt durch benötigtes Vertrauen in Aussagen über unbekannte Benutzer und fehlende Motivation über Vertrauensaussagen.[84]

---

82 Auer, S., Dieztold, S., Martin, M.: Semantische Webapplikationen entwickeln. In: t3n Open Source & Web. (2008), Heft 14, S.31
83 Vgl. Pellegrini, T.: Grundlagen des Semantic Web. In: t3n (2008), Heft 14, S.24
84 Vgl. Bizer, C.:Bausteine einer Vertrauens- und Sicherheitsinfrastruktur für das Semantic Web. XMIDX-DWS2003 Berlin. S.8f. Online verfügbar: http://www4.wiwiss.fu-berlin.de/bizer/ SWTSGuide/semtrust.ppt. Aufgerufen am 11.12.2008

4. Für eine steigende Nutzung mobiler Web-Anwendungen müssen Benutzer Zugriff auf ein schnelleres Datennetz haben und günstigere Tarife wählen können. Insbesondere die Vision des „Ubiquitous Computing"[85] (Allgegenwärtigkeit der rechnergestützten Informationsverarbeitung) erfordert die Überwindung der genannten Hindernisse für den Benutzer. Für ein schnelleres Datennetz zur Übertragung von Informationen zwischen mobilen Endgeräten wird zur Zeit Super 3G (auch Long Term Evolution, LTE genannt) entwickelt, welches in einem Feldtest eine Übertragungsrate von bis zu 250 Mbits/s erreichte.[86] Derzeitige Übertragungsraten liegen bei 10 Mbits/s.

5. Die reizvollen Perspektiven des Semantic Webs vernachlässigen derzeit noch die Konsequenzen durch steigenden Verbrauch von Energie und Ressourcen. In einer extremen Form von Ubiquitous Computing funktionieren auch Semantic Web Services. Das Bundesministerium für Bildung und Forschung hat eine Analyse der Technikfolgeabschätzung durch Ubiquitous Computing veröffentlicht, die weitere Kriterien beinhaltet.[87]

Diese wichtigen Themen sollen in Zukunft Lösungsansätze hervorbringen, welche letztendlich das Semantic Web massentauglich machen. Möglicherweise wird das Semantic Web auch im Fahrwasser der aktuellen trüben Aussichten für Web 2.0 Unternehmen hinsichtlich ihrer Wirtschaftlichkeit[88] aufleben, um eine Antwort auf die Frage nach einem Ausweg aus der Krise zu bieten. Ein Nachteil ist auch die derzeitige, überwiegend technikorientierte Diskussion über semantische Technologien.

---

85 Vgl. Weiser, M.: The Computer for the 21st Century. In: Scientific American (1991), Heft 265, S.66-75
86 Vgl. NTT DoCoMo: NTT DoCoMo Achieves 250Mbps Downlink in Super 3G Field Experiment, 03/2008 Japan. Pressemeldung online verfügbar: http://www.nttdocomo.com/pr/2008/001390.html. Aufgerufen am 16.12.2008
87 Vgl. Unabhängiges Landeszentrum für Datenschutz Schleswig-Holstein und Humboldt-Universität Berlin: TAUCIS - Technikfolgenabschätzung Ubiquitäres Computing und Informationelle Selbstbestimmung.Berlin 2006. Online verfügbar: https://www.datenschutzzentrum.de/taucis/ita_taucis.pdf. Aufgerufen am 16.12.2008
88 Vgl. Hohensee, M.: Die Finanzkrise kommt bei der zweiten Generation der Web-Firman an. In: Wirtschaftswoche.(2008), Heft 49, S.53-60

Effizienzgewinne und Usability-Verbesserungen durch semantische Technologien müssen sich schon heute für Manager auch auf einer pragmatischen Ebene erschließen, damit Innovationen in den Forschungslabors auch marktfähig eingesetzt werden können.

Quellenverzeichnis

Auer, S. Et al.: DBpedia: A Nucleus for a Web of Open Data. In: The Semantic Web - ASWC 2007, Busan, Korea, 2007, Berlin-Heidelberg 2008

Auer, S., Dietzold, S., Martin, M.: Semantische Webapplikationen etwickeln. In: t3n – Open Source & Web, 2008, Heft 12

Blumauer A., Pellegrini, T.: Social Semantic Web. Web 2.0 - Was nun? Berlin-Heidelberg 2009

Blumauer, A., Pellegrini, T.: Semantic Web. Wege zur Wissensgesellschaft. Berlin-Heidelberg 2006

Castells, M.: The Internet Galaxy, Reflections in Internet, Business and Society, Oxford University Press 2001

Coase,R.: Nature of the Firm. Economica 1937 4(16)

Daconta, M. C., Obrst, L. J., Smith, K. T.: The Semantic Web. A Guide to The Future of XML, Web Services, and Knowledge Management, Indianapolis 2003

Davenport, T.H.: Wenn Ihr Unternehmen wüsste, was es alles weiss. Landsberg/Lech 1999

Fensel, D. Et al: Ontologies and Schema Langages on The Web. In: Spinning The Semantic Web. Bringing The Semantic Web to its Full Potential, London 2003

Fensel, D. Et al: Spinning The Semantic Web. Bringing the World Wide Web to its Full Potential, London 2003

Groenouwe, C., Top, J.: Towards a Constitution Based Game for Fostering

Fluency in "Semantic Web Writing". Vrije Universiteit Amsterdam. In: 1st International Workshop on Incentives for The Semantic Web. ISWC Karlsruhe 2008

Gruber, T.: A Translation Approach to Portable Ontology Specifications. Technical Report KSL 92-71, Knowledge Systems Laboratory, Stanford University 1993

Herman, I. Et al: The Semantic Web in Action. In: Scientific American, December 2007

Hitzler, P. Et al.: Semantic Web – Grundlagen. Berlin 2008

Hohensee, M.: Die Finanzkrise kommt bei der zweiten Generation der Web-Firmen an. In: Wirtschaftswoche.(2008), Heft 49

McKelvey, R.: Hypergraphics, Design und Architektur von Websites, Hamburg 2000

Mühlhoff, T., Vollmar, G.: Ein Konzern will wissen was er weiß – Die ThyssenKrupp CommunityWorld vernetzt die Wissensträger in über 800 Konzernunternehmen. In: Gronau, N., Petkoff, B., Schildhauer, T.: Wissensmanagement – Wandel, Wertschöpfung, Wachstum, Tagungsband zur Knowtech 2004, GITO, Berlin 2004

Müller-Stewens, G., Fleisch, E.: Die Macht über Informationen. In: Harvard Business Manager, o. Jg (2008)

Nitzsche, J. Et al.: BPEL for Semantic Web Services (BPEL4SWS). In: On the Move to Meaningful Internet Systems 2007: OTM 2007 Workshops, Berlin-Heidelberg 2007

Paolucci, M. Et al.: Semantic Matching of Web Services Capabilities. Carnegie Mellon University Pittsburgh

Pellegrini, T.: Grundlagen des Semantic Web. Fortschritt mit (r)evolutionärem Potenzial, in: t3n Open Source & Web. (2008), Heft 14

Preist, C.: Goals and Visions. Combining Web Services with Semantic Web

Technology. In: Studer, R., Grimm, S., Abecker, A.: Semantic Web Services, Berlin-Heidelberg 2007

Rothfuss, G., Ried, C.: Content Management mit XML – Grundlagen und Anwendungen, 2. Auflage, Berlin-Heidelberg 2003

Stollberg, M., Hepp, M., Fensel, D.: Semantic Web Services – Realisierung der SOA Vision mit semantischen Technologien, SWS – MKE conference 2007

Stollberg, M., Wahler, A., Fensel, D.: Semantic SOA – Automatisierung und Interoperabilität in Service-Orientierten Architekturen. In: Information Management & Consulting 2008

Studer, R., Schnurr, H., Nierlich, A.: Semantik für die nächste Generation Wissens-management. Karlsruhe 2005

Weiser, M.: The Computer for the 21st Century. In: Scientific American (1991), Heft 265

Internetquellen

Amazon Web Services: http://aws.amazon.com/. Aufgerufen am 5.12.2008

Becker, C., Bizer, C.: DBpedia Mobile: A Location Enabled Linked Data Browser. 2008. S.1. Online verfügbar: http://events.linkeddata.org/ldow2008/papers/13-becker-bizer-dbpedia-mobile.pdf. Aufgerufen am 13.12.2008

Becket, D.: RDF/XML Syntax Specification (Revised), W3C, 2004, http://www.w3.org/TR/rdf-syntax-grammar/. Aufgerufen am 25.11.2008

Berners-Lee, T., Hendler, J., Lassila, O.: The Semantic Web.A new form of Web content that is meaningful to computers will unleash a revolution of new possibilities. In: Scientific American, 2001. Online verfügbar: www.sciam.com/article.cfm?id=the-semantic-web

Bizer, C.: Bausteine einer Vertrauens- und Sicherheitsinfrastruktur für das Semantic Web. XMIDX-DWS2003 Berlin. S.9. Online verfügbar:

http://www4.wiwiss.fu-berlin.de/bizer/SWTSGuide/semtrust.ppt. Aufgerufen am 11.12.2008

Bizer, C. Et al.: Linked Data: Principles and State of the Art, 17th International World Wide Web Conference, Beijing, China 2008, http://www.w3.org/2008/Talks/WWW2008-W3CTrack-LOD.pdf. Aufgerufenen am 28.11.2008

Del.icio.us: http://delicious.com/. Aufgerufen am 04.12.2008

Doctorow, C.: Metacrap: Putting the torch to seven straw-men of the meta-utopia. 2001. Online verfügbar: http://www.well.com/~doctorow/metacrap.htm. Aufgerufen am 09.12.2008

Friend-of-a-friend (FOAF): http://www.foaf-project.org/. Aufgerufen am 30.11.2008

Flickr: http://www.flickr.com. Aufgerufen am 04.12.2008

Golbeck, J.: Computing and Applying Trust in Web-based Social Networks, Dissertation at the University of Maryland 2005, S.72. Online verfügbar: http://www.lib.umd.edu/drum/handle/1903/2384. Aufgerufen am 10.12.2008

Halo: http://www.projecthalo.com

Heath, T. Et al.: How to Publish Linked Data on The Web, ISWC2008 27th October 2008, Karlsruhe, Germany, http://events.linkeddata.org/iswc2008tutorial/how-to-publish-linked-data-iswc2008-slides.pdf. Aufgerufen am 01.12.2008

Hendler J.: Semantics and the Network Effect. A little semantics goes a long way, Rensselaer Polytechnic Institute, 2007, S1. Online verfügbar: http://research.microsoft.com/workshops/SemGrail2007/Papers/JimH_Position.doc. Aufgerufen am 04.12.2008

Katz, Y., Golbeck, J.: Social Network-based Trust in Prioritized Default Logic, Proceedings of the national conference on artificial intelligence 2006, S.3. Online verfügbar: http://trust.mindswap.org/papers/AAAI0610KatzY.pdf.

38

Aufgerufen am 10.12.2008

Kumar, A.: The Monkey is Out and the Challenge is On. Erstellt 15.05.2008. Online verfügbar: http://www.ysearchblog.com/archives/000583.html. Aufgerufen am 12.12.2008

Lublinsky, B.: Reference Ontology for Semantic Service Oriented Architectures. Erstellt 07.12.2008. http://www.infoq.com/news/2008/12/ReferenceOntology. Aufgerufen am 12.12.2008

Mayer, M.: Google's Marissa Mayer on search evolution. Interview von Vator News. Erstellt am 26.11.2008. Online verfügbar: http://www.vator.tv/news/show/2008-11-24-googles-marissa-mayer-on-search-evolution. Aufgerufen am 12.12.2008

OpenCalais: www.opencalais.com. Aufgerufen am 08.12.2008

Paolucci, M. Et al.: Semantic Matching of Web Services Capabilities, Pittsburgh 2002, S.346. Online verfügbar: http://www.cmpe.boun.edu.tr/~pyolum/cmpe596/papers/matchmaking.pdf. Aufgerufen am 09.12.2008

Perez, S.: Yahoo Search To Offer Abstracts of Search Results, Determine Intent. Erstellt 05.12.2008. Online verfügbar: http://www.readwriteweb.com/archives/yahoo_search_to_offer_abstracts_of_s earch_results_determine_intent.php. Aufgerufen am 12.12.2008

Protégé: http://protege.stanford.edu/. Aufgerufen am 04.12.2008

S. McIlraith, Son, T., Zeng, H.: Semantic Web Services. In: IEEE intelligent Systems, April 2001, S.50. Online verfügbar: http://nclab.kaist.ac.kr/lecture/cs744_2003_Spring/semanticWebServices.pdf. Aufgerufen am 09.12.2008

Studer, R., Schnurr, H., Nierlich, A.: Semantik für die nächste Generation Wissens-management. Karlsruhe 2005, S.1, http://www.community-of-knowledge.de/pdf/f05.pdf. Aufgerufen am 30.11.2008

Swoop: http://www.mindswap.org/2004/SWOOP/. Aufgerufen am 04.12.2008

Unabhängiges Landeszentrum für Datenschutz Schleswig-Holstein und Humboldt-Universität Berlin: TAUCIS - Technikfolgenabschätzung Ubiquitäres Computing und Informationelle Selbstbestimmung.Berlin 2006. Online verfügbar: https://www.datenschutzzentrum.de/taucis/ita_taucis.pdf. Aufgerufen am 16.12.2008

W3C: http://w3c.org. Aufgerufen am 14.11.2008

W3C Spezifikation für URI/IRI: http://www.w3.org/Addressing/. Aufgerufen am 25.11.2008

W3C Spezifikation von RDF: http://www.w3.org/TR/rdf-syntax-grammar/. Aufgerufen am 28.11.2008

W3C Spezifikation von OWL: http://www.w3.org/TR/owl-features/. Aufgerufen am 02.12.2008

W3C Spezifikation von SPARQL: http://www.w3.org/TR/rdf-sparql-query/. Aufgerufen am 07.12.2008

W3C Spezifikation für XML: http://www.w3.org/TR/2006/REC-xml-20060816/. Aufgerufen am 27.11.2008